住民投票までに知っておくべき

「都構想」の嘘と真

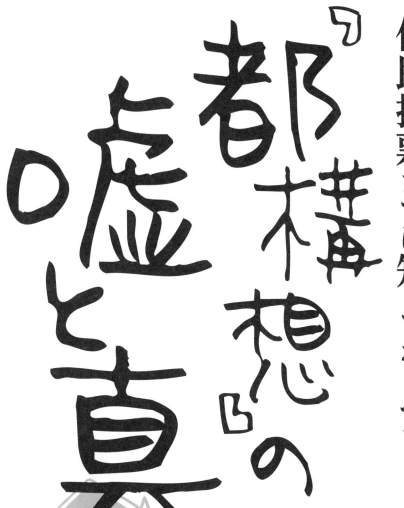

もくじ

はじめに

賛成57票、反対25票――。大阪市を廃止し、四つの特別区に再編する「大阪都構想」の制度案が9月3日、大阪市議会で可決された。その瞬間、議席数のほぼ3分の2を占める大阪維新の会と公明党の議員から一斉に拍手が沸き起こった。

「コロナ対策に逆行する都構想、絶対反対」。傍聴席から抗議の声を挙げた男性は議長から退場を命じられた。新型コロナウイルス感染拡大防止を理由に、114席ある傍聴席で審議を見守った市民は18人しかいなかった。

新型コロナの収束が見通せない中で、それでも住民投票を行うのか。

閉会後の記者会見で、松井一郎市長は「大阪で医療崩壊が起きない限り、11月1日に向けて準備する」と述べ、延期を求める市民たちについては「彼らはいつだって反対なわけでしょう。コロナが落ち着いてというが、誰がその日を確証できるのか」と辛辣だった。

5年前、反対が多数となった住民投票にも触れ、「前回は反対派陣営からさまざまなデマが飛び交った。我々がデマを飛ばしたことはないし、ウソもついていない。今回も正々堂々と事実に基づいて協定書の中身について説明していきたい」とも語った。

しかし、住民投票実施決定を受けての共同通信社の世論調査では、7割を超える市民が「説明が不十分だ」と答えている。市民の生活はどうなるのか。大阪市の広報紙は「都構想」のメリットに傾いていると指摘された。9月9日付の日本経済新聞は、大阪市の税収が前年度から500億円減となる見通しを報じている。「都構想」の財政シミュレーションには、コロナの影響は反映されていないのだ。

このブックレットは、「新聞うずみ火」が2020年7月、8月に実施した『「大阪都構想」を考える連続講座』をまとめたものだ。反「都構想」の論客である元大阪市会議員（自民党）の柳本顕《あきら》さん、維新政治とメディアの関係を検証してきたノンフィクションライターの松本創《はじむ》さん、立命館大学政策科学部教授で地方財政学が専門の森裕之さんの3人に、それぞれの立場から「大阪都構想」とは何なのか、わかりやすく解説していただいた。

住民投票の対象は日本国籍を持つ18歳以上の大阪市民約220万人。住民投票で「賛成」が一票でも多ければ、大阪市は市民の意思によって消滅する。1889（明治22）年4月に誕生し、歩みを重ねてきた130年以上の歴史に終止符が打たれる。18歳未満の子どもたち、外国籍の人たち、投票に参加がかなわない市民のためにも、このブックレットが、「嘘と真《まこと》」を見極め、冷静な判断をしていただくための一助になれば幸いである。

なお、出版に当たり、講師3人には、その後の状況の変化に応じ、一部加筆・訂正していただいた。

2020年9月9日

新聞うずみ火　矢野　宏

第1章

住民投票までに知るべき嘘《うそ》と真《まこと》

元大阪市会議員　柳本 顕《あきら》

特別区設置がすでに決まったことであるかのように感じている方、住民投票をやってもどうせ賛成多数になるのではないかと思われている方もいるかもしれません。しかし、大阪市がなくなるかもしれないという重大な事象を判断するには何が真実で、何がでたらめなのかを知ったうえで、市民の方々に判断していただきたい。その意味で、私の拙い話でどこまで伝わるかわかりませんが、少しでも理解を深めていただければと話を進めてまいります。

住民投票で問われるものは何か

『大阪都構想』の是非を問う住民投票」という言い方は、正確には間違いです。住民投票で問われるのは「特別区設置協定書」（協定書）の内容についてです。

そこに書かれているのは、①特別区設置の日、②特別区の名称と区域等、③議員定数等、④事務分担、⑤税の配分と財政調整、⑥財産処分、⑦職員の移管、⑧その他——ということで、もろもろの項目が協定書の中に盛り込まれています。この中身について、「賛成」か「反対」かを問うのが住民投票なのです。

「大阪都構想」というのは、あくまでも「大阪維新の会」が発信している行政用語に過ぎず、定義づけがありません。京都大大学院の藤井聡教授の言葉を借りると、「都構想というものは（妖怪の）鵺《ぬえ》のようなもの」。何にでも変容するのです。大阪を変えていくことも都構想、民営化を進めていくのも都構想、大阪市を廃止分割することも都構想、堺市まで取り込んで特別区にしてしまうかもしれないことも都構想というように、大阪維新の会の「頑張ろう」という言葉に等しいような中身なのです。

行政もメディアも「都構想」という言葉を使いますが、使うならばその中身が何なのかという定義づけをしなければならないと思います。いわゆる「都構想」というものは、「大阪市廃止分割4

特別区設置」なのです。

いわゆる「大阪都構想」とは

最初の真実は「大阪市がなくなる」ということ。

大阪市がそのまま残ると思っている方、行政区がいくつか引っ付いて新たな特別区が大阪市の中にできると思っている方が少なくありません。

私が戦った２０１９年４月の大阪市長選挙の時、なんば駅前で演説した維新の候補者は「反対派は大阪市がなくなると言っているが、このなんば駅前が消えてなくなりますか。大阪市はなくならないのです」と演説しました。大阪市がなくなるという現実を伝えると、おかしいなと思う人がいるからだと思います。だから、「大阪市役所がなくなるだけですよ」と言い、役所の再編だけで市民には何ら不利益を与えないと、うそぶくわけです。「大阪市はなくならない」というのは紛れもない嘘です。

いわゆる「大阪都構想」とは

大阪市廃止分割４特別区設置＝いわゆる「大阪都構想」

真	嘘
大阪市がなくなる 大阪市役所がなくなるだけ	大阪市はなくならない
24行政区がなくなる 区役所は残る 24地域自治区になる	区役所機能は維持される
都にはならない 都とみなす	大阪都

4特別区の区割り

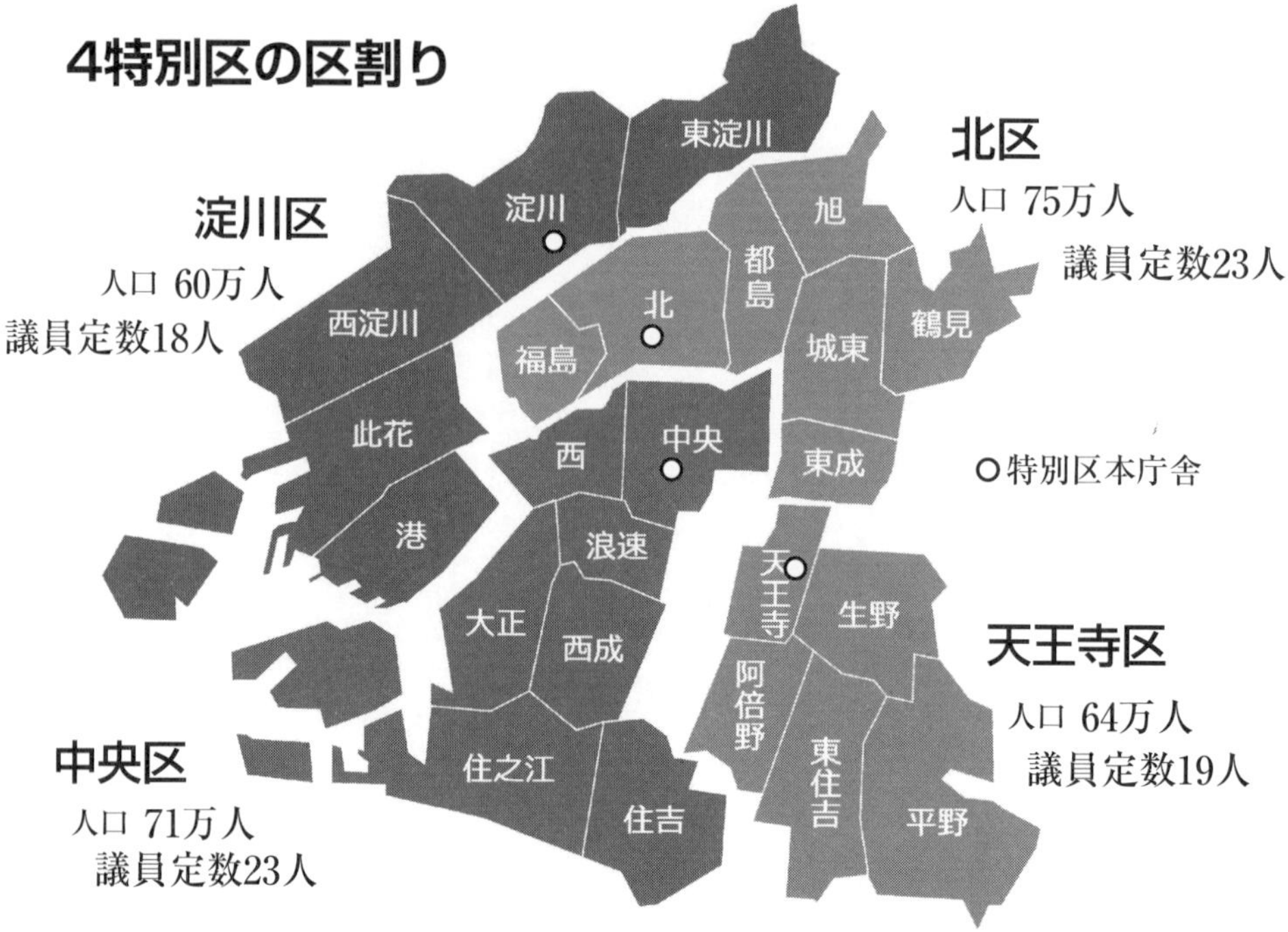

二つ目の真実は「24行政区はなくなる」ということ。

今ある西成区や平野区などの行政区はなくなります。それに対して、賛成派の人たちは「区役所機能は維持されます」とか、「区役所は変わりません。そのままです」と言い張るので、大阪市が廃止されても何も変わらないと思われている方もいるでしょうが、それは誤解を生む表現であり、嘘です。

確かに、大阪市が廃止されても区役所は区役所として残りますが、行政区としての区役所ではなく、「地域自治区」の事務所になります。ですから「行政区としての区役所機能は維持されない」のです。

これまでの歴代市長は行政区の区長に対し、たくさんの権限や使えるお金、仕事ができる力を与えてきました。それによって、身近なところで区民の意見を聞き、いろんな行事や住民サービスなどをやってきたのです。その流れに逆行するかのように、区長がいなくなる。公明党さんは「区民が来た時に対応する窓口機能は維持します」と言いますが、中身はこれまでと違う。区役所機能は維持されなくなるのです。

三つ目の真実は「都にはならない」ということ。

私は現在、大阪市西成区山王一丁目に住んでいますから、大阪市が廃止されると、新しい住所は「大阪府中央区西成山王一丁目」となります。

「大都市法で『都とみなす』と書いているではないか」と、賛成派の人たちは言います。都とみなすということは都にはならないことです。維新の広報物にも大阪府という言葉を使わずに「大阪都」という言葉を平気で使っているものもありますが、これまたイメージばかりで実態を伴わない偽りの表現です。

住民投票の今後のスケジュール

大阪市廃止分割４特別区設置、いわゆる「大阪都構想」が問われる住民投票は、あくまでも、大阪市を廃止して４特別区を設置することについて、「賛成」か「反対」かを選ぶものです。

２０２０年８月28日、大阪府議会で協定書が可決されました。９月３日の大阪市議会で議決が可決されてから60日以内に住民投票が行われます。11月１日と言われていますが、安倍首相の辞意表明で衆議院の解散・総選挙と同日に実施するという話も再燃するかもしれません。住民投票のスタートは、投票日からさかのぼること20日前。11月１日が投票日とするなら、10月12日から正式にスタートすることになります。

住民投票で賛成多数となった場合、25年１月１日が特別区設置の日となります。大都市法では、特別区設置の日から50日以内に特別区長選挙と特別区議会議員選挙を行うことが決められていま

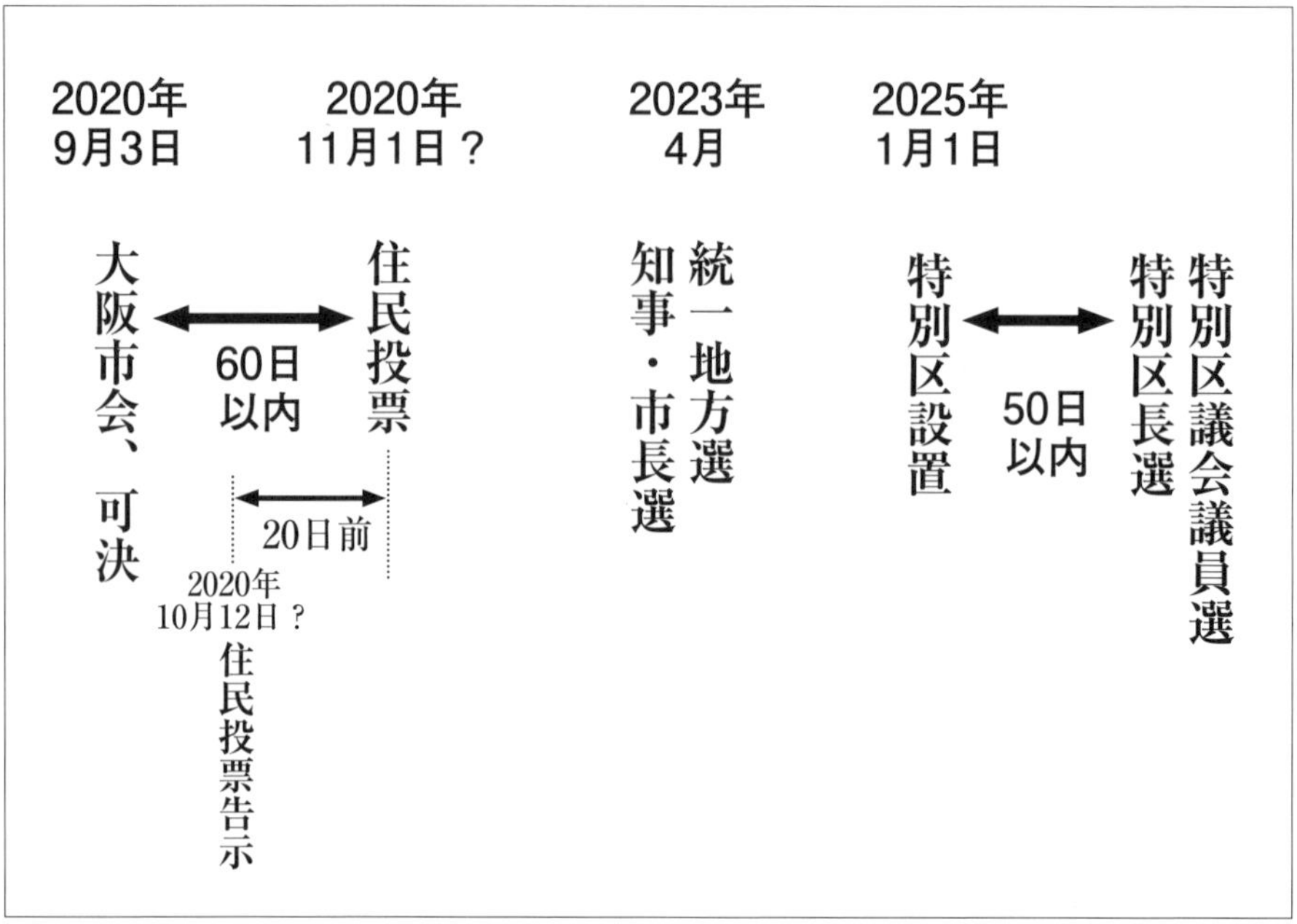

す。

住民投票で賛成多数となると、大阪市がなくなることが決まるのですが、4年の準備期間中の23年4月に大阪市議会議員選挙を含む統一地方選挙、大阪府知事・大阪市長選が行われるということも頭の片隅に置いていただければと思います。

賛成派の主張の印象操作

具体的な中身に入っていきます。ここでも真《まこと》と嘘というワードが一つのキーポイントになってきます。

賛成派は、「大阪市と大阪府は二重行政の弊害があって『府市合わせ』(不幸せ)、府知事と市長の対立によって大阪の成長が阻害されている。二重行政の無駄がたくさんできてしまって、結果として市民に不利益を与えている」と主張しています。よって「都構想」なるものを実現するとしたならば、「広域行政が一元化され、意思決定が広域部分について簡素化され、インフラ整備などが進んで大阪が成長する」という夢物語を描いています。

しかしながら、よく考えてみてください。府知事と市長はそんなに仲が悪かったのでしょうか。確かに、仲が悪い時もあったでしょう。考え方が合わない事業や事象もあったかもしれません。それでも、何かにつけていがみ合ってきたわけではないのです。

二重行政の象徴であるかのように言われた、大阪市の「ワールドトレードセンタービル」（WTC）と大阪府の「りんくうゲートタワービル」（GTB）。WTCは開発費用1193億円で高さが256メートル。GTBが開発費用659億円で、高さ256・1メートルです。

両方ともバブル期に建設されたビルで、結果としてその政策が失敗だったわけです。確かに府と市がビルの高さ争いをしたことは認めますが、その結果として大きな負担を府民や市民に課すことになったわけではありません。

「同じようなビルを二つ建てて無駄ではないか」と言われるかもしれませんが、WTCとGTBはもともと機能が違うのです。WTCは今でこそ府庁の咲州庁舎として使用され、テナントも入らないということでホテルにしていますが、GTBは関空近くにあり、ホテルをメインにしていたのです。双方の計画を見比べ、総合的な判断をしながら決定された事象であって、二重行政による弊害ではないと言えると思います。

8月26日、大阪市議会で代表質疑があり、自民党の北野妙子幹事長が松井市長に「今、二重行政はあるのですか」と聞きますと、松井市長の答えは「今は、二重行政はない」というものでした。ないのなら、「都構想」する必要はないではありませんか。で、松井市長は「今は市長と知事が同じ方向を向いているが、これがまた『府市合わせ』（不幸せ）という状況になってしまうかもしれないので、恒久的に二重行政をなくすのが『都構想』なのだ」という言い方をされたのですが、いったい誰が決めたのですか。これから知事と市長が仲違いすると。仲違いするって決まっていないではありませんか。そもそも知事と市長の仲が悪かったら、その地域は成長しないのですか。今、愛知県では大村秀章知事に対するリコール運動が起きています。名古屋市の河村たかし市長も参画するほど両者は仲が悪いのですが、愛知県は成長していないのですか。国内総生産（GDP）の都道府県版「県内総生産」で、大阪府は愛知県に抜かれているのです。成長と関係ないではないですか。仮に知事と市長の対立がその地域の成長を阻害しているというのであれば、愛知県はもっともっと衰退しているはずではないでしょうか。

知事と市長がいがみ合っている絵を見たら、そんなイメージがわいてくるかもしれませんが、事実ではない。真実は、制度を変えなければ解消できない二重行政はないということ。都構想なるものが実現していなくても、松井市長曰く、今、二重行政はないわけです。

「大阪市を廃止しないと、進まない事業があれば言ってください」と、何度も言うのですが、そんな事業は出てきません。大阪市を廃止してまで、今、進められない事業はないというのが真実なのです。

大阪市民の税金はどこへ？

「都構想」で大阪市が奪われるものは何か。まず、市の財源約2000億円が府に取られます。これは事実ですが、市民が損をする印象を持たれることを嫌う維新は「確かに2000億円持っていきます。持っていくお金は仕事見合いで持っていくだけですから使い道は変わりません」と抗弁しています。

大阪市が行っている広域事業として大阪城公園や長居公園、美術館、港湾事業などがありますが、持っていく事業に対しお金がついていくので、例えば大阪城公園の管理を府がやるか市がやるかの違いだけなので、市民には迷惑をかけないというわけです。財源は仕事見合いで府に移るだけ。よって役割分担が広域的なこと、基礎的なことに明確化され、事業の実施自体が変わらなければ市民は困らないと。

しかし、真実はどうか。

大阪市民は府民でもあり、府税も払っています。その府税で広域的な仕事をやってもらわないといけない。それに対して、市の財源からお金も持っていかれたら大阪市民だけが二重払いで損になるのではないですか。

例えば、府が管理している堺市の大泉緑地公園や吹田市の万博公園などありますが、管理・運営するために、堺市民や吹田市民は府税以外に何か払っているかというと払っていません。

しかしながら大阪市民はすでに府税を払っているわけですから、広域的な事業をやるのなら府税でやってくれたらいいだけの話なのに、大阪市民だけ改めて府税に追加してお金を持っていかれる状況になってしまうところが理不尽であり、大阪市民だけ二重払いという損をする状況になってしまうのが、「都構想」の構造だということを真実として知っていただきたいと思います。

実は、大阪市内にかつて唯一の府立公園がありました。住吉大社近くの住吉公園で、ある一定の役割分担を整理する中で府から市へ移管されました。これは移管されただけで、お金をくださいと、市は言っていません。でも、今回は逆のパターンです。大阪城公園や長居公園が府営となり、府が管理・運営したらいいのに大阪市民はお金も払うことになる。市民にとっては不利益になりますよね。

権限が奪われ「村以下」になる

反対派は市としての権限も奪われて「特別区は村以下になる」と言い、賛成派は「中核市並みで、政令市の権限の一部すらある」と反論します。

「村以下」というのは、市町村が持っている水

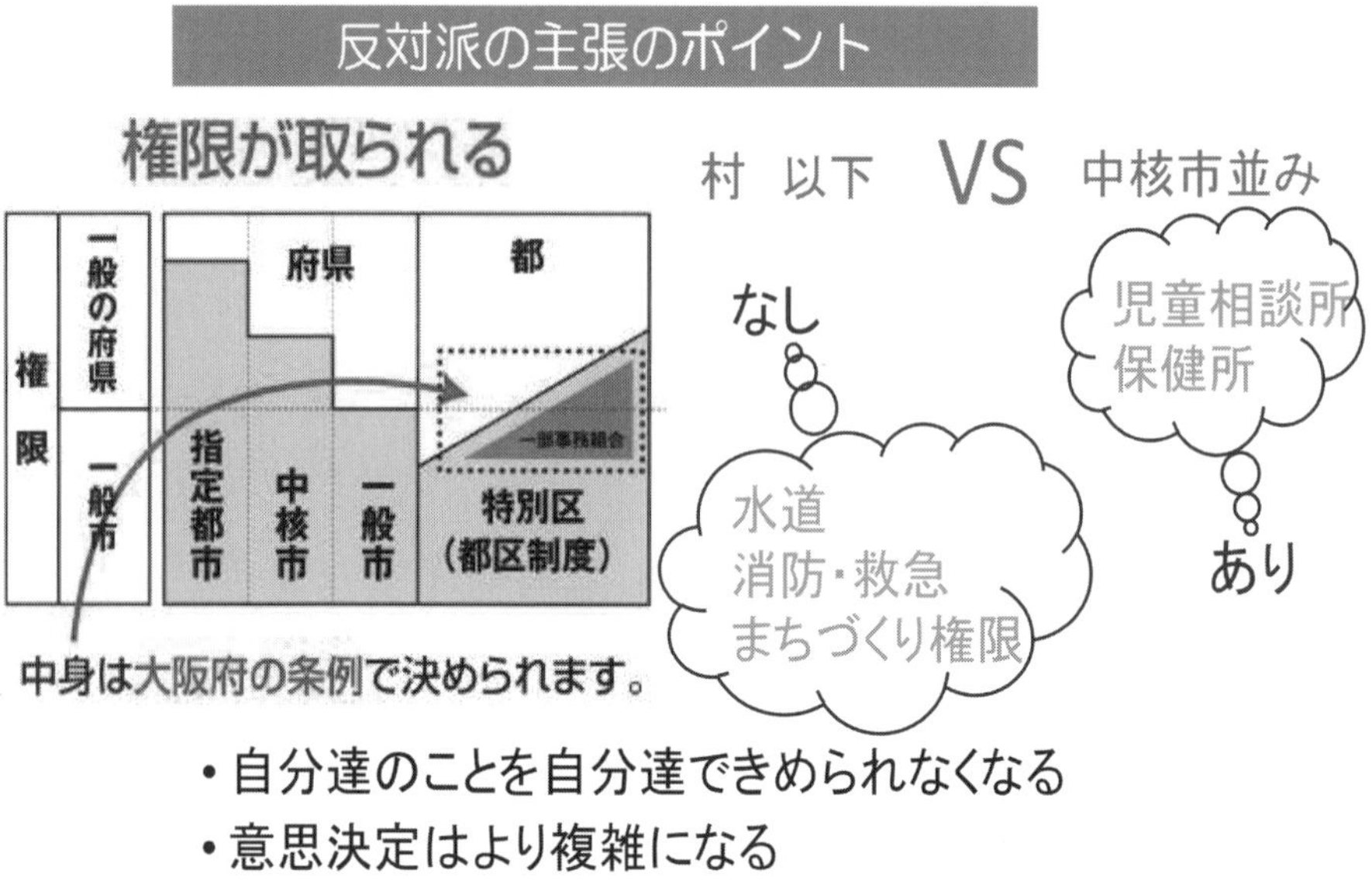

道や消防、救急といった基本的な身近な行政の権利を府に奪われることになるからです。

府は現在、水道事業や消防・救急をやっていません。大阪市が廃止されると、水道や消防・救急が府に移管されます。

水道料金も府が決めることになります。現在、コロナ禍で各市町村が水道料金を下げていますが、府が決めることになれば、大阪市は5割下げてもいいのだが、他の都市をみると2割しか下げていないのなら2割でいいかというような状況になりかねないのです。自分たちのことを自分たちで決められなくなり、意思決定は4特別区でより複雑になってしまいます。

4特別区になると児童相談所や保健所の権限を担えるものの、こうした業務は非常に専門性が高い。いま大阪市ですら保健所に専門性のある医師を雇い入れることが難しい。ましてや職員の育成も難しい現状がある。とすると特別区が単体で、児童相談所や保健所を運営できて、人材の確保や

反対派の主張のポイント

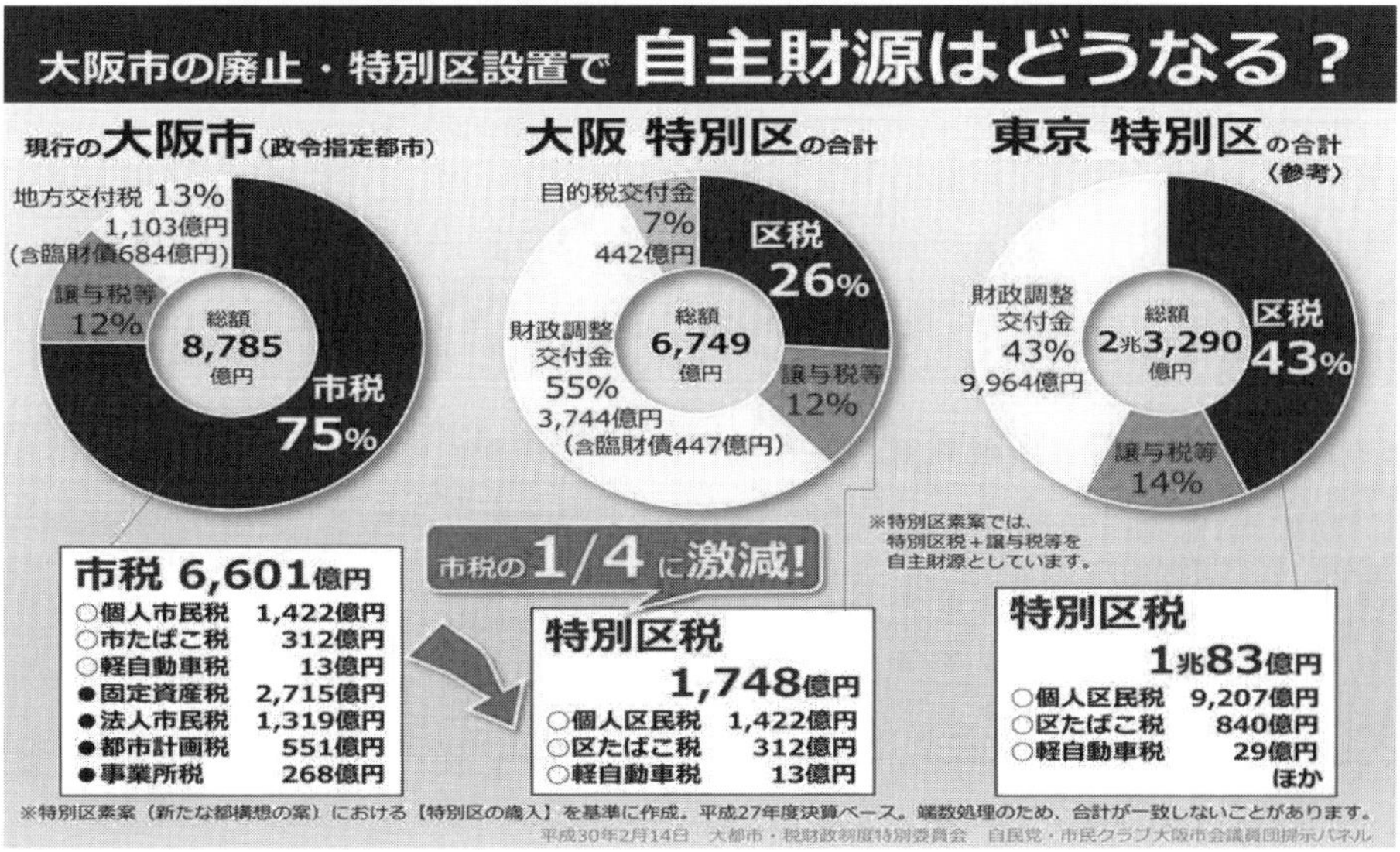

人材の育成ができるかははなはだ疑問だといわざるを得ません

　地方分権の流れで国が法改正し、東京都の特別区にも中核市にも、希望すれば児童相談所を設けていいとしましたが、じゃあ権限があるからといって、どこもかしこも手を上げているかといえば違います。自前でやるのは財政的にも人材確保の観点からも大変だからです。

特別区設置で自主財源はどうなるか

　権限以上に財源は取られます。この点は明らかに村以下です。一般の市町村などは、固定資産税や法人市民税、都市計画税、事業所税など一定の基礎的な財源は全部入ってきます。入ってくるというのは全部手元に入ってきて自主的な財源として自分の好きなように使えるということですが、特別区になってしまうと、区民税と区たばこ税、軽自動車税の三つの税目しか自主財源はありません。

なぜ住民サービスは低下するのか

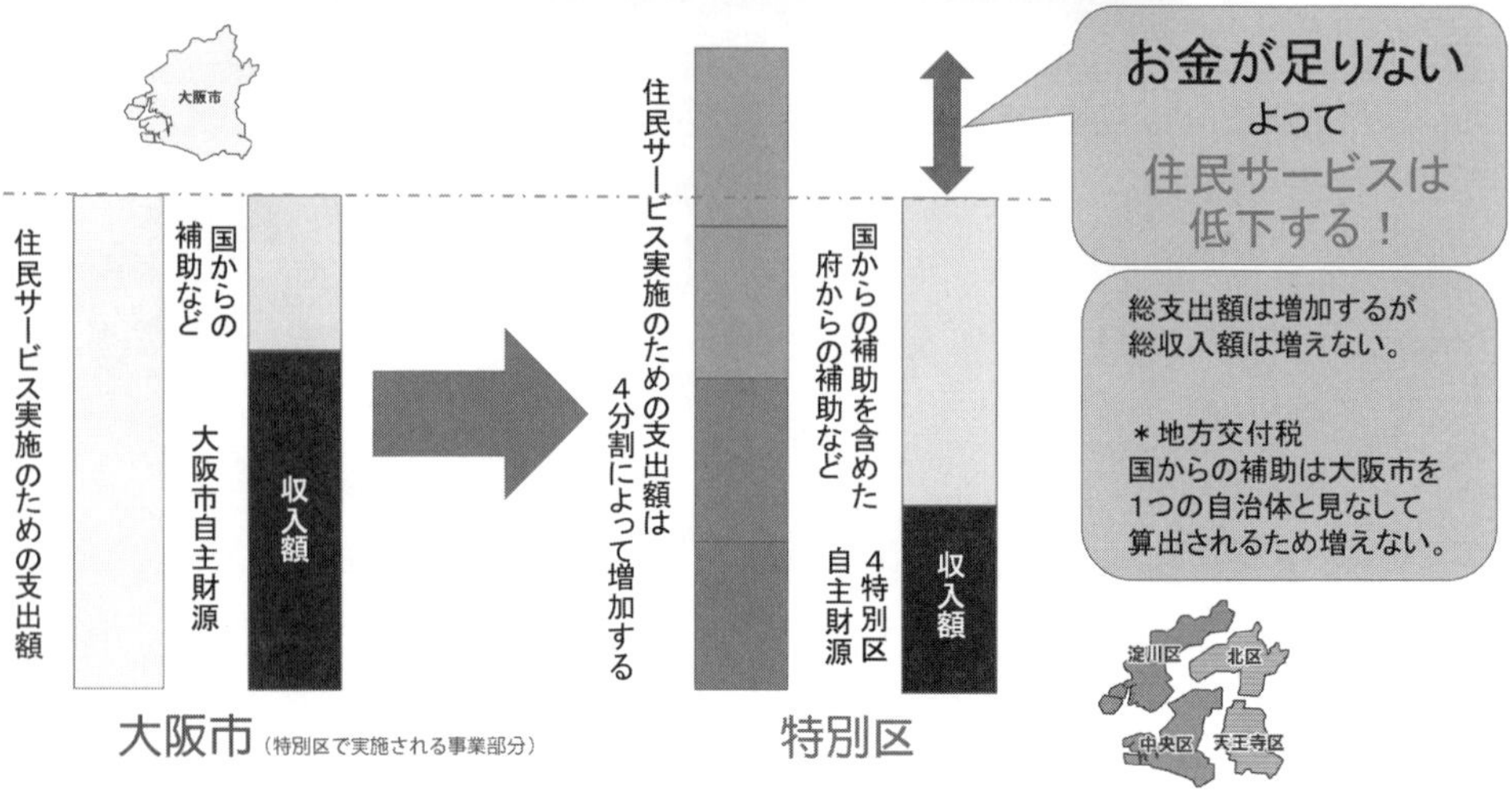

東京も特別区で成り立っているのだから大阪でも特別区にしても変わらないだろうと思う方が少なくないかもしれません。しかしながら、東京都の中での特別区の人口比率も財政状況も明らかに違うわけですから、東京都のようにはなりません。

現在、大阪市は総額８７８５億円で、うち75％の６６０１億円が自主財源ですが、特別区になると、総額６７４９億円のうち自主財源は１７４８億円となり、割合として４分の１に激減します。財源の半分をお小遣いのような財政調整交付金を大阪府にお願いしないと今までのような事業はできないという状況になってしまいます。東京都の場合は特別区も自主財源である特別区税が１兆83億円あり、ある程度裕福な状態にあります。

住民サービスはどうなる

さらに、住民サービスが低下する構造を図として表わしてみました。

特別区になると、住民サービス実施のための支出額は4分割されることで増加します。なぜか。例えば、大きな部屋の中でエアコン設置代が20万円かかったとしましょう。その部屋を4分割して、それぞれでエアコンをつけなければならない。電気代を払わなければならない。同じぐらいの体感を得られるぐらいにすると、どれぐらいのお金がかかるか。単純計算で、1部屋あたり8万円かかったとしても4部屋ですから32万円で、20万円より安くなることはありません。エアコンも新たに購入しなければならないし、電気代もかかることを考えれば、4倍にはならないとしても必ず増えるのです。これは人件費もしかりで、光熱費もしかりです。一つの大阪市を四つの特別区にすると支出は増えるというのはわかっていただけると思います。

一方で、増える支出額に合わせて収入が増えれば今まで通りの住民サービスができますが、収入のうち自主財源は減ります。もらえるお小遣いが増えればいいのですが（府からもらえるお小遣いはもともと市が持っていたもの）、国からの地方交付税というお小遣いも含めて増えません。収入もお小遣いも増えないとなると、支出額が増えるのにお金が足りない。その分だけ住民サービスは低下するのです。これが敬老パスになるのか、こども医療費助成になるのか、塾代助成になるのか、わかりませんが、何かを削らなければならない。もしくは区民税を増やすとか、水道料金を上げるとか、ごみ収集を有料化するとか、何かで収入が増えるようにしなければ今まで通りの住民サービスはできないという状況になります。

協定書の議論の中で、財政シミュレーション（収支見通し）を示して特別区の財政が成り立つと維新は言っていましたが、それが絵に描いた餅であることが、8月26日の大阪市議会で前田和彦議員（自民）の質問で明らかになりました。収支見通しは府・市が再試算し、特別区が「収支不足にならない」との結論を公表していましたが、前田市議は大阪メトロからの株主配当などが盛り込まれている点を指摘し、「数字は新型コロナ前に大阪メトロが示した目標値を使っている」とし、過大に見積もっている数字を差し引くと、特別区の収支見通しは5億～48億円の赤字になるのではないかと追及したのです。

さらに、市営プールを24から9、スポーツセンターを24から18、老人福祉センターを26から18、子育て支援施設を26から18への削減を前提としており、この視点においても住民サービスの低下は必至だと訴えました。

「都構想」を推進する役所と対峙

これだけ問題点が多いにもかかわらず、「都構想」に対して賛意を示す人が多いのはなぜなのか。それは、本当のような嘘の話が出回っているからだと思います。

「イソジンはコロナに効くとか」とか、「とこう草という薬を飲めば大阪は元気になる」とか。いいことのように聞こえる話を本当だと真《ま》に受けたら、賛成に回るでしょう。閉塞感もあって、維新さんのいう通りにすれば、大阪は元気になるのではないかと思ってしまう。でも、「都構想」の中身を見れば見るほど不可解なことがわかってくるのです。

手の込んだ嘘があります。

大阪市のホームページに府市副首都推進局が市民の疑問に答えた「Q＆A」に出てくるのですが、一例を上げましょう。

「特別区になると、敬老パス、塾代助成、こども医療費助成など、今の大阪市が独自で行っている住民サービスが廃止されると聞いたけど、本当はどうなのか」という質問に対し、こう答えています。

「敬老パス、塾代助成、こども医療費助成などの、大阪市の特色ある住民サービスについては、特別区を設置する際は、その内容や水準を維持します」。

これを聞いたら住民サービスは維持されると思

いますよね。必ずしも嘘ではないから、余計にたちが悪いのです。どういうことか。「敬老パスなどは維持します」と言っています。特別区設置の際においても廃止されないでしょう。問題はここからです。特別区長選挙で、候補者が「敬老パスは維持できるかどうかわかりません」と言って選挙に当選したとしましょう。となると、廃止されてしまうかもしれません。質問する側は、２０２５年の特別区設置の際に廃止されるかどうかではなく、それ以降も維持されるのかどうかを気にしているわけですから、嘘を答えていることになります。

本当のような嘘の話

このほかにも、「家庭ごみの収集は有料になるのか」という質問に対し、答えは「特別区の設置に伴って有料化されることはありません」です。特別区が設置された際は有料化されないでしょう。でも特別区長が誕生したらわからないのです。

「別の特別区にある保育所や幼稚園などは使えなくなるのか」に対しては「特別区設置準備期間中に調整することとしています」と書いています。

大阪市廃止4特別区設置ですから、例えば西成区と阿倍野区は今までは一つの大阪市でしたが、特別区の中央区と天王寺区の別々の自治体になります。西成区が属す中央区の区長さんが「待機児童解消に頑張ります」と言って保育所をたくさん作ったとしましょう。阿倍野区が属す天王寺区の区民が隣接したところにいい保育所がいっぱいできたと言って、中央区の保育所に入ってきたらどうしますか。今まで通り、受け入れますか。中央区の予算で作った保育所ですよ。差をつけますよね。入るなとは言わないけれど、まずは中央区の人を優先で、とするはずです。結果的に入れるかもしれませんが、調整はするけれど同じようには使えないのです。これが真実です。中央区の区長は中央区民のことをまず考えるのは当たり前の話ではないですか。

大阪市が廃止されると、四つの特別区である北区、淀川区、中央区、天王寺区が予算の分捕り合戦をすることになるのです。簡素化ではなく、より複雑な意思決定になる。特別区設置準備期間中の調整といっても、職務代行者である市長さんがやっている間は一人ですからできますよ。しかし、4特別区に分割されれば決定するのは4人になりますから協調することもあるでしょうが、自分たちの区のことを第一に考える区長さんが誕生するはずですから同じように使えることはありません。

「各行政区で実施している施策（区のキャラクター、区民まつり等の区の行事など）はどうなるのか」という質問に対しては、「各特別区に引き継がれます。その後、選挙で選ばれる区長と区議会が住民の皆さんの意見を聞きながら、その内容を決めていくことになります」とあります。

しかし、特別区に24行政区がなくなり、区の独自予算を持っている区長さんがいなくなります。各地域自治区で企画・運営とかはしません。企画運営は特別区でしますから。初めのうちはある程度継続性を保つでしょうが、維持される保証はないというのが真実です。

分断と対立生む住民投票

本当のような嘘の話に対してはしっかりと目を光らせて、聞いて、中身が本当かどうか考えてほしいと思います。

住民投票は地域や家庭に分断と対立を生むことになります。このコロナ禍の今、やっている場合ではないと思うのですが、大きな真実として大阪市がなくなるということはイバラの道になるということを説明させていただきましたが、イバラの道を進むということをいったん住民投票で決めてしまうと二度とは戻れない。嘘と真《まこと》をしっかりと聞き分け、見極めていただいて、大阪市民の方には正しい良識ある判断をしていただきたいと思います。

第2章

維新と報道を検証する

ノンフィクションライター　松本 創《はじむ》

維新「改革」で大阪はどうなった？

「大阪維新の会」が誕生して2020年4月で10年。維新の「改革」というものが大阪に何をもたらし、何を切り捨てたのか、現場を見て回ろうと5月末、大阪市内6ヵ所を巡りました。

まず、IRと万博の会場が造成中の夢洲。ここは維新が言う「成長」を象徴する場所です。今は茫洋《ぼうよう》たる更地《さらち》にプレハブ小屋が建っているだけ。見るべきところは何もない。同行したカジノ業界に詳しい人が「カジノは目立ってなんぼ。カジノ立地が正式に決まれば、悪趣味で欲望をかき立てるような建物を建てるでしょう」と話していました。

しかし、世界のカジノ業界は新型コロナウイルスの影響で打撃を受けています。ラスベガスをはじめ、マカオやシンガポールなどの主力拠点を立て直す方が先決。しかも日本は、カジノに対する反発も強く、法律や税制がうるさいなど、けっこうハードルが高い。コロナ禍の中で、無理に日本へ来るようなうま味もなく、及び腰になっているといいます。

万博とカジノの予定地・夢洲（大阪市此花区）

最大手のラスベガス・サンズは日本進出を断

念しました。大阪はＭＧＭ・オリックス連合に決まっていますが、オリックスのＣＥＯは5月、「良い投資なのか再検討する」と計画の見直しを示唆しています。開業時期についてもコロナ禍によって話が進まず、スケジュールがずれ込んでいます。当初は25年万博との同時開業に、大阪市の松井一郎市長は強くこだわっていましたが、さらに遅れるだろうと言われています。

ＩＲ（統合型リゾート）とは、カジノのほかホテルや劇場、国際会議場や展示会場などの施設、ショッピングモールなどが集まった複合的な施設のことです。コロナで国際会議も開かれるかどうかもわからない。オンラインカジノが盛況らしく、行かなくてもいいではないかとなってくると、ＩＲのビジネスモデル自体がどうなるのか。カジノをやるというのが維新にとっての成長戦略であり、「大阪都構想」の肝。うまくいかなかったらどうするのか。

また、カジノは警察利権でもあります。取り締まりをしなければならない。カジノ管理委員会は警察官僚が占めており、大阪府警レベルでいうと夢洲に警察署を一つ作る話になっています。警備会社が来ることで、天下り先もできます。警察にとってもおいしい話で、カジノの話は潰したくないでしょう。

万博会場となる夢洲へ行くための鉄道を引くのには巨額な金がかかります。それらインフラ整備をカジノ業者にやらせようとしていましたが、大阪にカジノ業者が来なければ影響を受けます。しかし、ＩＲの計画について、大阪府の吉村洋文知事は「見直すつもりはない」と言い切りました。見直したら「都構想」の財政シミュレーションが狂うなどの問題が出てくるので、維新にとっては引くに引けない状態になっているのです。

カジノは中国の富裕層を狙っているビジネスです。今後、インバウンドが来なくなると行政的にも破綻するので見直せないというのが実情ではないでしょうか。

来なくなった外国人旅行客

大阪は現在、ホテルの建設ラッシュです。新今宮駅前では、星野リゾートが14階建てのリゾートホテル「OMO7」（436室）を建設しています。

関空がLCCの拠点になったこと、京都や奈良などの観光資源が多いことなどで、大阪はインバウンドが絶好調でした。これは、中国やアジア諸国の経済成長のお陰であって、別に維新の功績ではありません。しかもインバウンドのみに依存してきたため、今のような状況になると、どうにも打つ手がなくなってしまう。

大阪府内のホテルの客室数は2010年に約5万5000室だったのが、20年には約9万9000室と、ほぼ倍に増えています。供給過剰は明らかで、宿泊代を安くするなどの競争が激しかったところへコロナが直撃した。撤退したいとか、売却したいとかの話が出ています。

大阪では1棟当たりの部屋数も増えている。現在のホテルの部屋数1位はリーガロイヤルホテルの1041室ですが、22年にはアパホテル梅田タワー（1708室）ができ、23年にはアパホテルなんばタワー（2064室）が完成予定です。ホテル業界では「大阪のホテル急増はアパに始まり、アパに終わる」と言われています。アパの拡大路線の中で大阪がビジネスチャンスになっていたが、それもコロナ前のこと。今後、計画などが見直される可能性は大いにあります。

外国人旅行客に人気があった大阪城公園。ゼネコンに発注して飲食モール「JO-TERRACE-OSAKA（ジョーテラス大阪）」を造ったものの、今は誰もおらず、ガランとしていました。

大阪城公園にはクールジャパンパーク大阪が運営する大中小の三つの劇場がありますが、いずれも事実上、吉本興業の専用施設。要するに、吉本興業の公演のために大阪城公園を明け渡したと言っていい。訪ねた時には、劇場はいずれも公演中止で、扉が閉ざされていました。

クールジャパンパーク大阪は民間13社と官民

ファンドなどで構成されています。大阪城公園に来る外国人旅行客に吉本の劇を見せて儲けよう、さらには吉本の若手を育てようというのが狙いです。構成会社を見ると、関西の民放5局が出資している。電通と吉本興業も名前を連ねており、電通が吉本とテレビメディアの間に入って束ね、中

大阪城公園内に建設された劇場（大阪市中央区）

抜きしているのでしょう。代表取締役はなんばグランド花月の元支配人です。

伝統芸能やクラシック音楽関係の補助金は削る一方、テレビ向けのイベント的なコンテンツには儲ける場をつくるのが維新の文化行政です。維新が進める「公園の土地活用」をテレビメディアも応援しているという図式が浮かび上がってきます。

カジノに前のめりの関西財界

20年6月に『大阪の逆襲』という本が出ました。万博・IRに向けて関西復権をうたう本です。インバウンドがすごいと礼賛しています。著者の一人は住友銀行系のシンクタンク日本総研の人で、いわば大阪府の御用学者。もう一人は朝日新聞大阪本社の経済部長。テレビだけでなく新聞社も、維新が呼んできた万博・IRに旗を振っているし、自分たちもそこでビジネスチャンスを得ようとしている現状があります。維新が推進している事業の側面支援をやっているわけで、この節

操のなさはどうなのかと思います。

そして「関西近未来研究会」。関西の未来を構想する自主的勉強会で、マスコミや企業人、研究者などが集結しています。

関西財界はインバウンドやカジノに前のめりになっていて、それを政治的な部分で担っているのが維新であり、マスメディアもそこにぶら下がっています。これでは維新に対して批判できないのではないでしょうか。

維新の人気はどこから?

民間委託で「てんしば」となった天王寺公園はすごくにぎわっていました。緊急事態宣言が解除された最初の週末で天気も良かったこともありますが、家族連れとかカップルが芝生でくつろぎ、周りのカフェやレストランも混んでいました。

その光景を見ていて、ここにこそ維新が支持される理由があるのではないかと、私は思いました。今までの天王寺公園は誰でも入って、くつろぐことができました。美術館や動物園があるぐらいで、有料の施設もそうありませんでした。公共の空間だったからですが、維新の「改革」は「公園は空き地と同じで、金儲けにならない」と、民間企業に委託し、商品化された消費のための空間に変えてしまいました。天王寺公園は近鉄不動産が整備したのですが、周りに店を配置し、有料の子どもの遊び場を作ったりして、企業が金儲けをできる空間になりました。お金を持っているか、いないかで選別されるわけですが、市民の中には「これでいい」と考える人も少なくないのでしょう。特に30代、40代の子育て世代に多い。話を聞くと、「地下鉄のトイレもきれいになり、子どもを連れて遊びに来る場所も増えた。維新のお陰だと思っています」と言っていました。動物園とか美術館といった公共的な教育・教養施設ではなく、カフェとかレストランとか、消費の空間に変える。お金を持っている人は楽しめるが、そうでない人は縁がない場所にしてしまった。

府の幹部職員に聞くと、維新は「てんしば」の成功に気をよくしていて、公園の民営化はこれからも進んでいくだろうと言っていました。豊中市の服部緑地や堺市の浜寺公園などが候補に挙がっているといいます。

家族連れでにぎわう「てんしば」（大阪市天王寺区）

維新につぶされたもの

一方で切り捨てられたものがあります。市立住吉市民病院は解体中でした。もともと、老朽化して建て替えることになっていたが、近くに府立病院があるので無駄ではないかとなり、二重行政の象徴として解体されています。跡地に民間病院を誘致すると言っていたが、3回にわたって失敗。小さな住ノ江診療所があるだけです。

コロナ禍で市立十三市民病院がコロナの専門病院となり、入院患者が転院させられたが、住吉市民病院を残していればここで受け入れることができたのではないでしょうか。二重行政と言いながら潰したのは間違いだったのではないかという批判の声が地域から上がっています。

次に紹介するのは、大阪人権博物館（リバティおおさか）。橋下徹氏が知事になった08年、「展示内容が暗い」などとクレームをつけられて補助金が削られ、展示内容のリニューアルに応じたものの、11年に補助金はゼロになりました。挙句に「大阪市の土地だから返還せよ」と言われて移転を余儀なくされ、35年の歴史に幕を下ろしました。

もともと解放運動の中心地で、地域の人が募金を集め取得した土地に建設し、市に寄付した小学校の跡地です。にもかかわらず、歴史とか文化的背景を度外視して、「賃料を払え」と借地契約を言い出すところが維新らしい。かつて、君が代斉唱を義務付ける条例を制定した時、学校現場で「思想信条の侵害だ」などと反発が起きた。これに対し、橋下氏は「組織マネジメント上の問題だ」と言い、「上の命令に従うのかどうか、従わないのなら公務員を辞めろ。思想信条のことなど言っていない。命令に従うかどうかだ」といっていた攻め口と同じです。

維新の「改革」は、医療や人権や公共空間、いわば市民生活を守ろうというのではなく、大規模開発、インバウンド誘致、公共財の民営化や民間委託、イベント行政といったものです。イベントと消費で好景気を演出するのですが、それで大阪が元気になっていると感じる人も、おそらく少なくないのでしょう。新自由主義的なものが受け入れられやすい土壌になっているのでしょう。そんな維新支持者をダメだと言っても通じない。彼らは彼らなりの合理性を持って支持しているのです

35年の歴史に幕を下ろした大阪人権博物館
(大阪市浪速区)

から。「でもね」というところをどう伝えていくかでしょう。

マスメディアが作った吉村人気

次に、吉村知事のメディア的背景について話しておきます。

吉村氏が市長時代に何をやったのか。サンフランシスコ市との姉妹都市を解消したぐらいで、東京では全く無名でした。ところが、今やコロナ対策で最も名を上げた知事となりました。吉村人気が出たことで、維新も支持率を伸ばしています。

共同通信社が5月8〜10日に実施した全国電話世論調査で、日本維新の会の政党支持率は8・7％となり、立憲民主党を抜いて野党トップとなりました。

先行き不安で収束も見えない中で、強いリーダーを求める傾向が世の中にあったのではないでしょうか。専門家会議でも対策が一致しない中で、強い政治判断でもって引っ張ってくれる人をたくましい、強い人と思う風潮がありました。

吉村氏のパブリックイメージを作ったのがテレビの露出。最初に注目を集めたのは20年3月下旬。読売テレビに出演した吉村氏が突然、3連休期間中の兵庫県と大阪府との往来自粛を要請しました。「専門家の提案を受けた」とも述べましたが、その段階では、判断の根拠としたとする国の資料は公表せず、口頭で「最悪の場合4月3日までに（両府県の）感染者数が3374人になる」などと説明しただけでした。

現場軽視のパフォーマンス

専門家会議の資料に「今後3週間の大阪府・兵庫県内外の不要不急の往来自粛を呼びかける」とあるのを、吉村氏は意図的に読み替えたと言われています。3週間も往来自粛すれば経済への影響が大きい。「経済を止めたくない派」なので、政治判断で3連休の往来自粛に矮小化させたとも。相手は維新と敵対している井戸敏三知事だし、相談することもなく突然の要請となったのです。

兵庫県側からしたら突然降ってわいた話です

が、県職員の中から「大阪の松井・吉村のツートップはすごい」という声が聞かれました。「判断が早い、発信力がある」「2人が同じ方向なので意思決定が早い」など。しかし、兵庫との往来自粛や十三市民病院のコロナ専門病院化、市民から募った雨がっぱなどは「トップダウン」「スピード感」といえば聞こえはいいですが、現場の職員から見た実態は「現場軽視のパフォーマンス」「調整不足の思いつき」となります。

市役所に33万枚も集まった雨がっぱは、その仕分け作業のために連日数十人の職員が駆り出され、どうにか仕分けがすんでも提供先がなかなか見つからず、保管場所もない。仕方なく玄関ホールなどに大量の段ボールを積んでいたら、市の火災予防条例に違反していると市民から指摘された。雨がっぱのような合成樹脂製品は一カ所で大量保管する場合、市消防局への届け出を義務づけられているが、それを無視していたのです。

その後、別の場所に移され、ほとんど押しつけ同然で配られたそうですが、医療機関へ送られたのは半分以下。現場軽視のパフォーマンスが招いた喜劇のような混乱ぶりでした。ところが空振りしても、メディアには話題になるので取り上げられて強いリーダーのイメージが作られていきます。

橋下氏と吉村氏をむすびつけたのは…

往来自粛あたりから吉村氏のテレビへの露出が増え始め、3月で8回、4月23回、5月31回と府のホームページの知事の公務日程にあります。公務以外にも、右派言論人が集っているネット番組「虎ノ門ニュース」にも政務として出ています。記者会見をそのまま放送するテレビ局もあり、関西では吉村知事の姿をテレビで見ない日はない、この状況はかつての橋下氏とおなじです。

そもそも二人をむすびつけたのもテレビ人脈です。大阪で弁護士事務所を開業した吉村氏は、あるテレビ番組制作会社の顧問弁護士になります。その会社は、大阪テレビ界の「帝王」とよばれた歌手で司会者の故・やしきたかじんと関係が深く、読売テレビの「たかじんのそこまで言って委員会」を制作していました。橋下氏がタレント時代にレギュラー出演していたことでも知られる、右派的論調の政治バラエティ番組です。

制作会社の紹介で、たかじんの個人事務所の顧問弁護士に就任したことが政界入りにつながります。

11年４月に大阪市議会選挙があり、大阪維新の会の候補者を探していた橋下氏にたかじんが吉村氏を紹介したのです。市議に当選した吉村氏は、しかし14年12月の衆議院選挙で、大阪４区から出馬。自民党の中山泰秀氏の選挙区で、小選挙区で敗れたものの、比例復活で当選。ところが、１年も経たない15年11月、橋下氏の後継として大阪市長選挙に出馬し、当選します。そして、19年４月の入れ替えダブル選で知事になったわけです。つまり、吉村氏は市議も衆議院議員も市長もすべて任期途中で辞めている。維新の都合、橋下氏の戦略で利用されているのです。

たかじんが亡くなった後も、彼の取り巻きだった在阪のテレビ関係者との縁は残っており、「ミヤネ屋」「ウェークアップ！プラス」をはじめ、今も読売テレビの出演が突出しているのは、同局でたかじんが長く番組を持っていたのが一因と言われています。報道とバラエティの区別がつかない番組に出演し、吉本興業の芸人に囲まれて「吉村さんすごいわ」と持ち上げられる背景になっています。

吉村氏について、関係者の何人かに聞くと「本人は空っぽ。思想性があったりとかはない」「中流家庭で、高校、大学時代は目立たなかった」「議員になってもアピールするわけでもなく、目立たなかった。ただ、まじめで頑固で勉強はしていた」。まじめで空っぽゆえ、橋下氏にも、ネトウヨ的な思想にも簡単に染まってしまうところがあるのではないでしょうか。

批判的視点で検証を

「吉村氏は橋下の作品だ」という人もいます。弁護士としても、議員としても目立たなかったのを、テレビ映えすると見抜いた橋下氏、吉村氏を前面に立ててきた松井氏の２人が作った作品ではないか。

一方、府庁内でどう思われているのでしょうか。幹部職員に聞くと、「頑固過ぎて話を聞いてくれない。松井さんの方が話を聞いてくれた」と言っていました。橋下氏もああ見えて役人と接する時は丁寧《ていねい》語でしたが、吉村氏はため口だとか。それでも、コロナの対応については「神がかっていた」と言い、府庁では「松井氏と入れ替わっていてよかった。大阪府のイメージがよくなった」と笑い話が飛び交っていたのだとか。

関西のメディア、特にテレビの吉村氏礼賛と維新への肩入れは、橋下氏時代と同様、ひどいものですが、すべて吉村氏を礼賛しているわけではありません。さすがにこの状況はおかしいと思っている記者も何人かいます。どうしたらいいかと相談も受けますが、雰囲気にのまれてないで、一つ一つの政策を検証していくことが大事ではないでしょうか。

大阪モデルも基準を変更しており、大阪ワクチンは7月に治験を始めると言っていました。吉村氏も、松井氏も、その場の思いつきのような発言をするところがあり、その後どうなっているのか、批判的視点を持って検証すべきです。

そういう報道をどんどん出していけば、良識的な報道機関は続きます。これだけ維新寄りの記事や番組があふれている中では、逆に維新批判、吉村批判の方が広く読まれると思います。おかしいと感じている人は少なくありませんから。感情的な批判ではなく、10万円の特別定額給付金がまだ来ないのは業者の選定がめちゃくちゃだったからだとか、突っ込みどころはたくさんあります。

マスメディア全般の状況はひどいけれど、個々にいい記者はいる。彼らを応援するつもりで、「都構想」の住民投票までの報道をウォッチしてください。

（写真提供・松本創）

第3章

「大阪都構想」と二重行政のゴマカシを斬る

立命館大教授　森 裕之

新型コロナ禍で大きく落ち込む税収

新型コロナウイルスの感染拡大で、住民と事業者の所得は大きく落ち込み、税収が激減するのは必至です。

政府は昨年末、2020年度の税収を約63兆5000億円と見込みました。消費税の増税による増収効果が本格化することに加え、20年度の経済見通しでGDPの伸び率を1・4%と見込んだことで、強気の想定となったと、各新聞は伝えました。

しかし、証券会社のエコノミストが現時点での試算をしたところ、経済活動に急ブレーキがかかったことで、10兆円規模も税収が減ると指摘しています。

ことし2~3月の2カ月だけで税収は約1兆7000億円減りました。そのうち1兆5000億円が法人関係の税です。

大阪府・市は他の都市と比べて法人関係の税収に依存する度合いが高いのが特徴です。企業の業績はこれからドカンと落ちる。法人関係の税だけでなく、個人所得の関係の税も大幅に落ち込むと言われています。

大阪府・市は、大阪市を廃止し、四つの特別区を設置した場合の財政シミュレーションを新たに試算しました。しかし、新型コロナによる税収減は反映しておらず、減収分などは国の財政措置が見込まれるとして、収支不足は生じないと結論付けています。とんでもないことです。

大阪の経済はインバウンド（訪日外国旅行客）需要一本で保たれてきました。維新が「われわれの成果だ」と宣伝していますが、打ち出の小槌のごとく扱われてきたインバウンドによる経済振興もこれまでのようにはいかないでしょう。これらによる税収の減少がどのくらいになるのか、大阪府・市は明らかにしていません。

支出は大幅増

一方、出ていくお金も増えます。2〜3月の2カ月間のコロナの影響だけで、大阪府が持っていた「財政調整基金」という貯金、１０００億円以上あったうちの75％が飛んでしまいました。東京都にいたっては１兆円近くあったものが95％なくなっています。一方、大阪市は使っていません。使いたくないからでしょう。

多くの専門家が指摘するように、コロナとの戦いは長期戦になる可能性があります。現時点でもわかるのは、今後も感染の波が襲ってくるたびに、市民生活や事業活動は停滞を余儀なくされることです。

東京や大阪などの大都市で、生活保護の申請が急増しています。大阪市は生活保護に対して毎年約３０００億円の費用を出しています。そのうち４分の３ほどが国からの補助金ですが、それでも市の負担は大きいわけです。急増する生活保護の経費がどれだけ増えるのか、財政シミュレーションにはまったく反映されていません。

生活保護だけでなく、子どもたちの教育環境の整備も喫緊の課題です。これまで行政改革の名の下に削減を繰り返してきた医療や公衆衛生など市民の暮らしを守る行政機能の再拡充が求められるでしょう。そうなれば、大阪の財政支出も増えていく見通しになります。

府・市ともに、収入の落ち込みと支出の増加から、財政がさらに厳しくなっていくのは必至です。その中で、現在やらなければならないのは、市民生活を正常に戻し、自治体が強化しなければならない行政サービスへ限られた財源・人員・技術を総動員していくことです。このような状況の中で、まさに不要不急の「大阪都構想」へ向けた取り組みを進めていくことは、あってはならないことだと考えます。

「大阪都構想」とはこれだ

政令指定都市の「廃止」

　大阪市（それに続き堺市など）は地図上・歴史上から消滅する。

大阪市の「分割（解体）」

　現在一つの自治体である大阪市は複数の特別区（特別地方公共団体）にバラバラにされ、それぞれ別個の自治体になる。

政令指定都市の大阪府への「従属団体化」

　大阪府と対等な関係にある自立した大阪市は、大阪府（都）に権限と財源を握られた従属自治体になりさがる。

大阪市が歴史上から消滅する

「大阪都構想」が実現すればどうなるのか。

まず、政令指定都市である大阪市がなくなります。

　維新は「なくなりません」とチラシに書いていますが、なくならないという定義が違います。市町村合併したら、「何々市」とか「何々町」となり、もとの町や村はなくなっているではありませんか。それと同じ次元で、完全になくなります。大阪市は歴史上、地図の上から消滅するのです。

二つ目は、大阪市が四つの特別区という「半人前の自治体」に変わります。

　2015年5月に行われた前回の住民投票では五つにわける分割案でした。維新が「バージョンアップした」と出してきたのが、四つに分割すること。どこがバージョンアップなのか。大阪市を解体して財源や権限を大阪府に吸い上げ、「一人

区割り・区の名称・本庁舎の位置

◆ **４つの特別区を設置**

特別区名	現行政区	本庁舎の位置
淀川区	此花区・港区・西淀川区・淀川区・東淀川区	現淀川区役所
北区	北区・都島区・福島区・東成区・旭区・城東区・鶴見区	現大阪市本庁舎（中之島庁舎）
中央区	中央区・西区・大正区・浪速区・住之江区・住吉区・西成区	現中央区役所
天王寺区	天王寺区・生野区・阿倍野区・東住吉区・平野区	現天王寺区役所

の指揮官（知事）」のもとで、やりたい放題できる体制をつくるという骨格は変わっていません。

分割とはどういう意味か。現在一つの自治体である大阪市が四つの特別区にバラバラにされ、それぞれ別々の地方自治体になることです。

特別区というのは、今の大阪市の中にある行政区とは全く違います。特別区はそれ自体が一つの自治体で、〇〇市、△△町、◎◎村と同じなのです。

東京23区は日本で唯一の特別区です。それぞれの自治体だからこそ、区長を選ぶ選挙があり、議会があるのです。

三つ目は、大阪市が大阪府に「従属団体化」されます。

大阪府と対等な関係にある自立した政令指定都市の大阪市は、府に権限と財源を握られた従属自治体に成り下がるのです。

政令指定都市は能力も財源もあるから、都道府県がやる行政のかなりの部分を行う権限が移譲されています。港湾管理などはその典型です。通常、港湾の管轄は都道府県の役割ですが、大阪市の港は大阪市港湾局が管理しています。港湾以外にも、都市計画、交通・インフラ、産業政策、高等学校・大学、観光・文化・スポーツ振興などで、水道も入りました。特別区になると、大都市として発展するための基盤・権限が大阪府に召し上げられます。当然、財源も吸い上げられるのです。

「特別区」で大阪市が失う権限

> **都市計画、港湾、交通・インフラ、産業政策、高等学校・大学、観光・文化・スポーツ振興など**
>
> ↓
>
> 大都市として発展するための行政権限・基盤はすべて大阪府へ奪われる。

事務事業の仕分け

大阪府・市の資料によると、大阪市が実施している事務は２９２３、大阪府の事務は１６６９。合わせて４５９２の事務があります。これを合わせ、特別区は住民に身近な施策、府は広域行政と仕分けすることになります。

大阪市は府から特別の事業をたくさん移譲されており、都道府県とほとんど変わりません。しかし、大阪市が潰されると、市の持っている政令指定都市としての機能は返さなければいけない。権限がなくなるからです。当然、大阪市の「広域的な事務」は府に引き継がれ、市にとって大事な都

大阪府－特別区－地域自治区

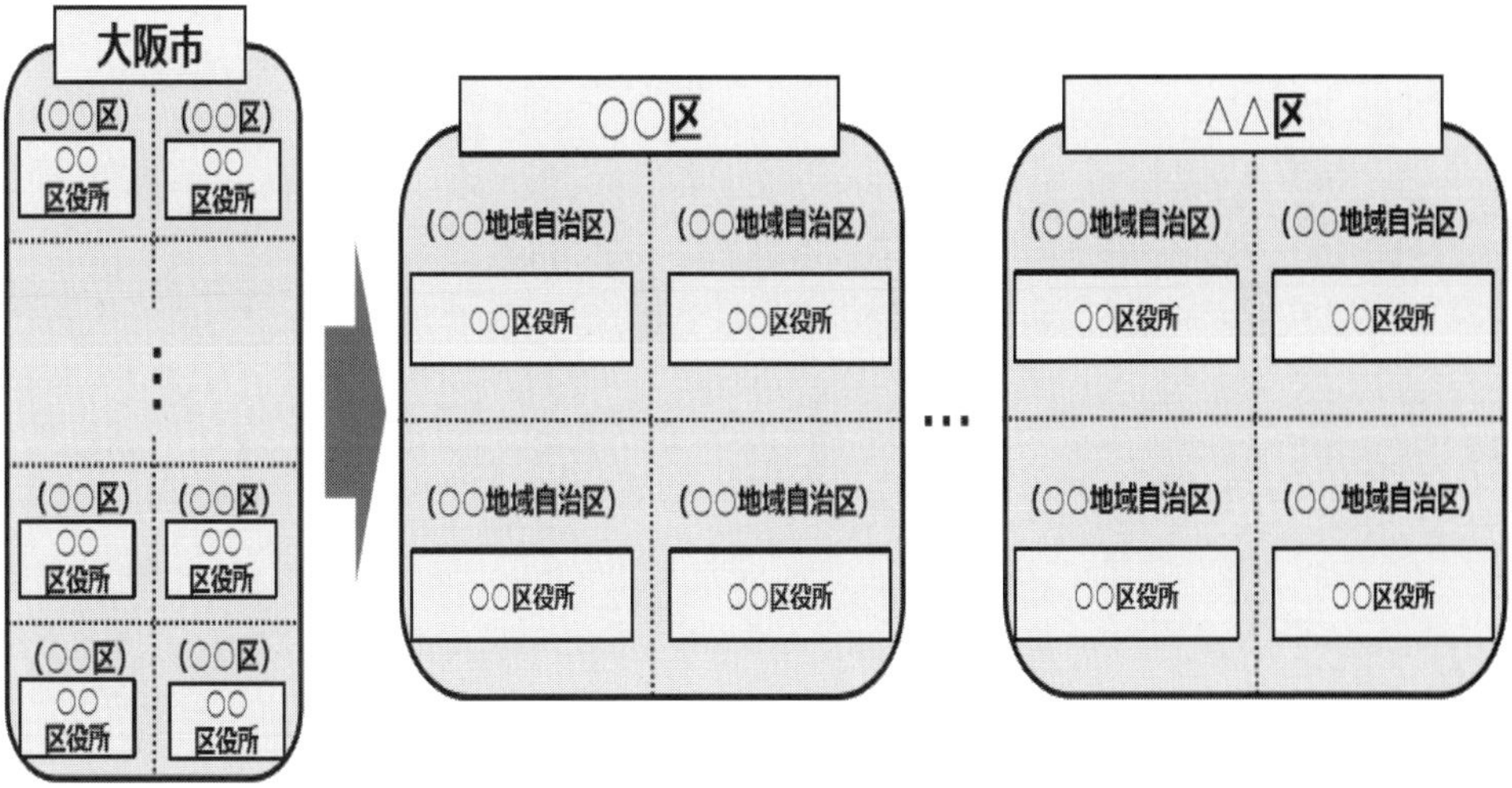

市計画、道路、河川など、重要な事務のほとんどが府に持っていかれるのです。

今ある24の行政区は「地域自治区」になります。地域自治区とは、自治体の中で作られた半公的なエリアのことで、大阪市が解体された場合、24区を地域自治区にして１７４の事務を行うことになっています。

四つの特別区の本庁は、淀川庁は現淀川区役所に、北区は現市本庁舎に、中央区は現中央区役所に、天王寺区は天王寺区役所に置くというのですが、例えば、平野区に住んでいる人は平野区役所で事足りていたものが天王寺区役所まで行かなければならない。だから、「これまでの区役所を地域自治区として残し、窓口サービスを行いますから不便は生じませんよ」というためですが、いずれ潰されます。財政がもたないからです。

また、四つの特別区では新たな庁舎を建設せず、すでにある市役所や区役所を利用する。今の区役所が狭い淀川区や天王寺区は特別区域を越えて、大阪市本庁舎を北区とともに活用することで初期コストを軽減するとしていますが、災害時にはどうするつもりでしょうか。

複雑な「一部事務組合」

現在、介護保険は各市町村が行っていますが、大阪市が解体され、四つの特別区になると「介護保険料をいくらにするか」とか、「どういう取り組みにするか」などを独自で決めることができなくなります。特別区が集まって組織する「一部事務組合」が行うことになります。

小規模な自治体が複数あると考えてください。それぞれが消防署を持っていたらお金のムダなので、例えば四つの自治体で一つの消防署を持とう。消防という事務を行う組織を新たにつくろう、となる。複数の自治体が事務を共同して処理するために設けるのが一部事務組合です。

大阪市が四つの特別区に分割されると、別々の自治体である特別区同士が一部事務組合を作り、運営することになります。このような共同実態が150あまりあります。職員も300人規模になります。

今まで大阪市全体でやってきたのだから四つになっても一緒にやったらいいではないかということなのですが、何が起きるのか。

一部事務組合も実は自治体ですから、首長（組合長）も存在し、議会も開かれます。組合長は4特別区の区長の持ち回り、議会には四つの特別区から選出された2、3人の議員が参加することになります。議会を開くと言っても年に2回ほど。そこで「介護保険料をどうするか」「取り組みをどうするか」などを話し合おうにも、実質的な議論がなされません。「うちはこれまでの介護保険料のままでいい」とか、「うちは住民の暮らしが大変なので介護保険を減らしてほしい」というさまざまな意見が出る。折り合いがつかなかったら、この制度は崩壊するわけです。全員一致が原則だからです。

大阪府と特別区の事務分担

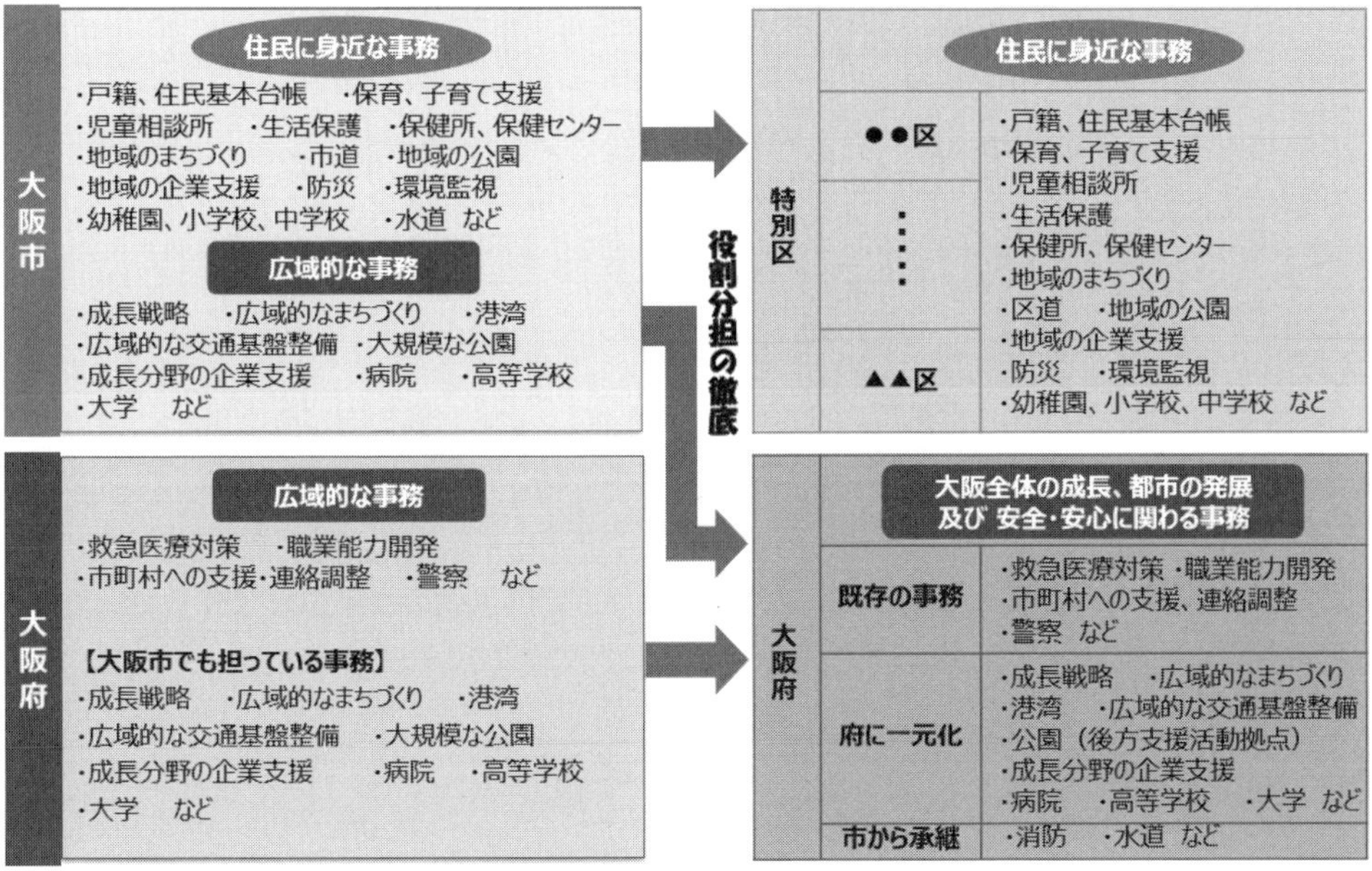

事務事業の仕分け（2016年5月時点）

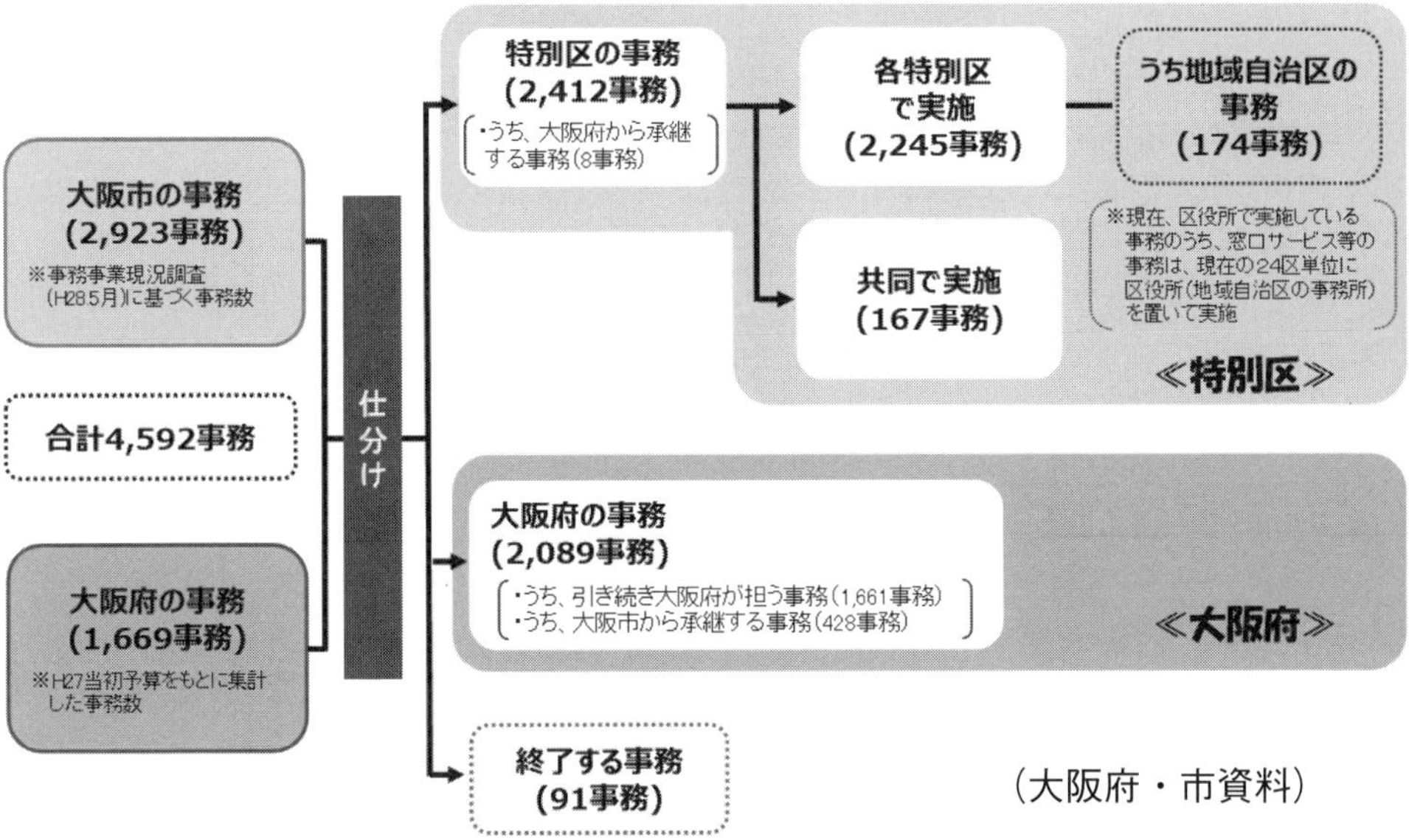

（大阪府・市資料）

東京23区にも一部事務組合はありますが、人事管理とか公営墓地など五つぐらいしかありません。

もともと大阪市は長い歴史の中で、行政の積み重ねがあるわけです。それを壊して特別区にしようとするから無理が起こるのです。

財源も大阪府に吸い上げられる

大阪市が廃止されることで大阪府に権限を持っていかれるだけでなく、当然、財源も吸い上げられます。

現在、大阪市民はさまざまな税金を市に払っています。ただ、大阪市は自分のところだけの税金で行政ができません。大阪市だけでなく、全国の95％の自治体がそうです。その税金の足りない分を国からもらって埋めている。それが「地方交付税」です。もちろん、大阪府ももらっています。

「都構想」でどうなるのか。住民は大阪市に払っていた税金を、それぞれ自分が属する特別区に払うことになります。でも、特別区に入るのはごく一部です。具体的に言うと、個人の所得から払う住民税などは特別区に払いますが、大阪市の大切な税金だった「法人市民税」や「固定資産税」、「都市計画税」などが大阪府の財布に入ります。府の税金に変わるのです。

さらには、国から大阪市に来ていた地方交付税も、特別区になると府に入ることになります。

これでは特別区の行政ができません。大阪府は奪った財源の一部を「交付金」という形で特別区に分け与えるのです。その分けてもらったお金で粛々と行政を行う。これが特別区のみじめな姿です。しかも、いくら分けてもらえるのか決まっていません。

配分される交付金で足りるか、足りないかの問題ではありません。本来、特別区の税金であるべきものが大阪府の税金に変えられることが問題なのです。しかも、大阪府に奪い取られた税金の使い道は、府が決定するのです。

大阪市の財政制度（現在）

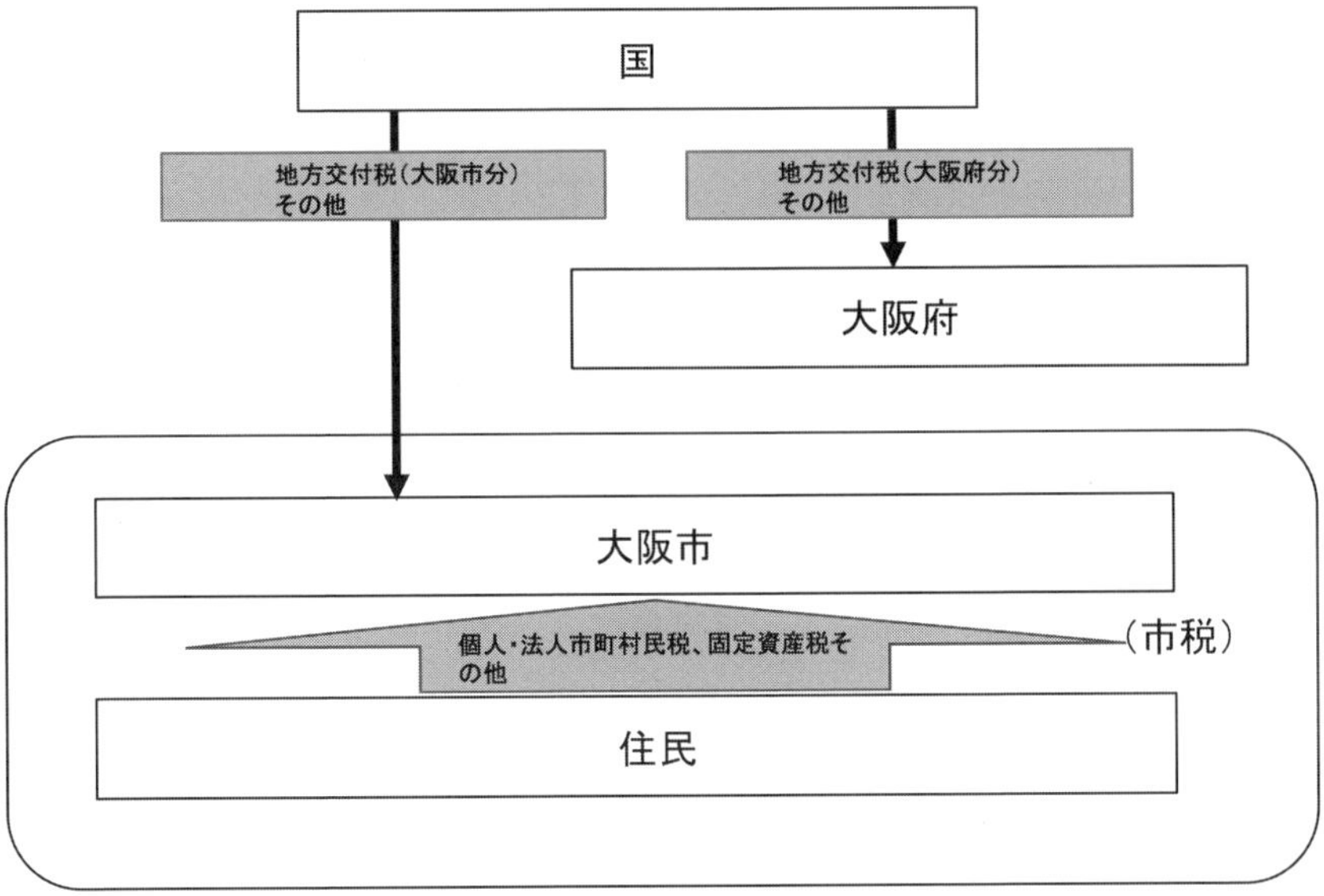

特別区の財政制度（将来）

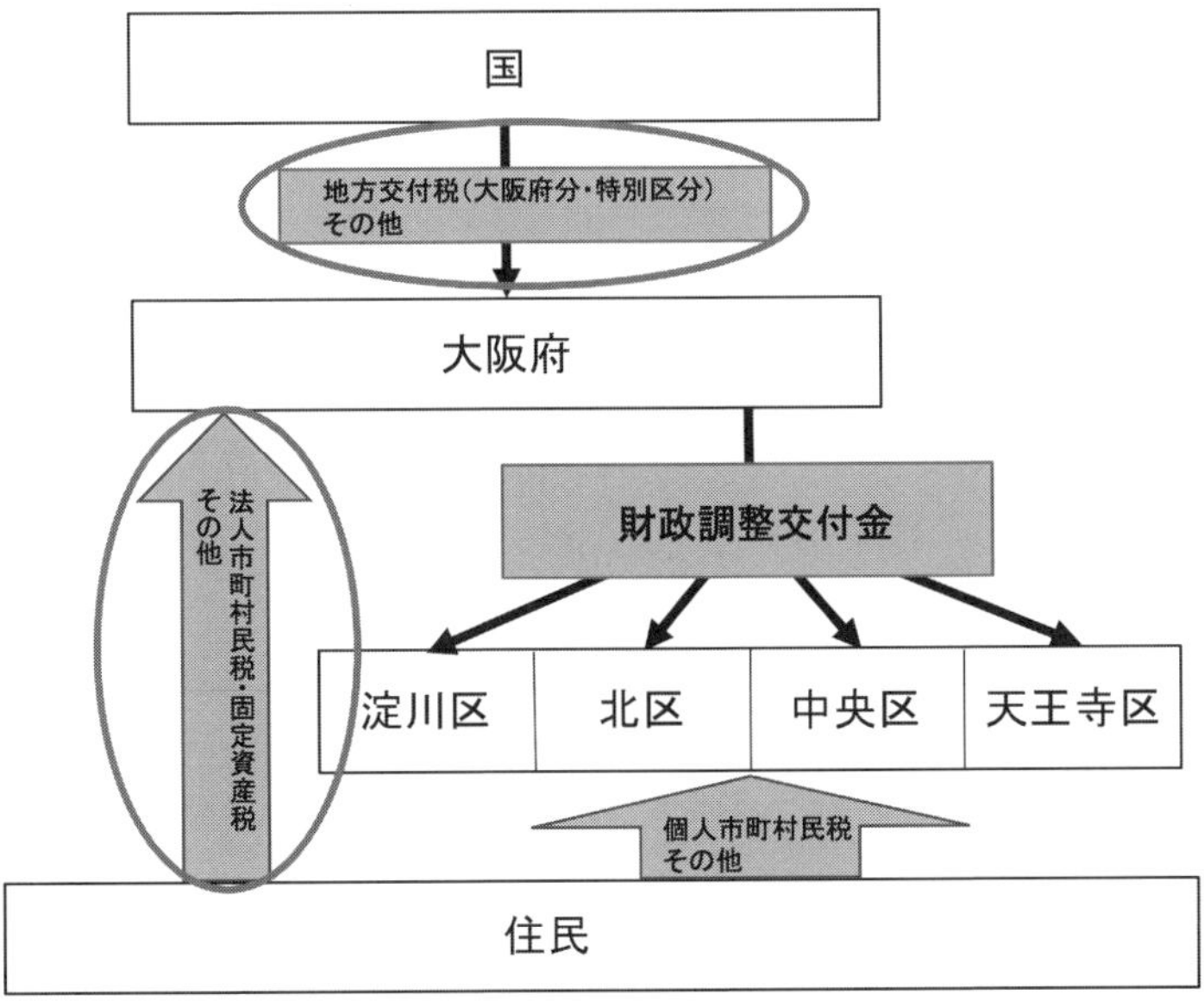

大都市制度（特別区設置）協議会資料より作成

大阪市民の数は、府全体の3割にしかすぎません。人口によって府議会の議員数が決まりますから、大阪市以外の自治体の力が強いということになります。

つまり、旧大阪市民、四つの特別区は交付金に依存する団体となり、その運命は大阪府に握られているのです。これが「従属団体だ」という意味です。

例えば、自分の給料を親に奪われる。祖父母からの仕送りも親に取られる。奪われた中から親が子どもにいくらか渡すわけです。優しい親ならいいのですが、ギャンブル好きのとんでもない親だったらどうしますか。放蕩の親を持ったら子どもは大変ですよ。

どれだけのお金を大阪府が吸い上げるのか

制度案では、大阪市の一般財源は約8600億円。特別区になると、「個人市民税」「軽自動車税」「市たばこ税」の3種類の税収のみが自主財源です。特別区の税収は約1800億円と4分の1に減少します。大阪府から「財政調整交付金」や「目的税交付金」などをもらい、特別区の歳入は約6600億円となります。

では、大阪市の歳入約8600億円と特別区の歳入約6600億円の差額である約2000億円はどこへ行くのか。大阪府の財源となるのです。

大阪府に入ってきた市の財源から、いくらかを再分配するから問題ないというのですが、金額を決めるのは大阪府。毎年、きちんとお金を配ってくれるという保証はありません。府が信用できますか。

特別区が四つ合わせた経費がこれまでの大阪市の経費と同額かというとそうではありません。もっと増えます。別々の自治体ですから、区長も選ばなければならない、議会もつくらなければいけない、教育委員会もいる。それだけでお金がかかると思いませんか。

特別区になった場合の財政需要の拡大

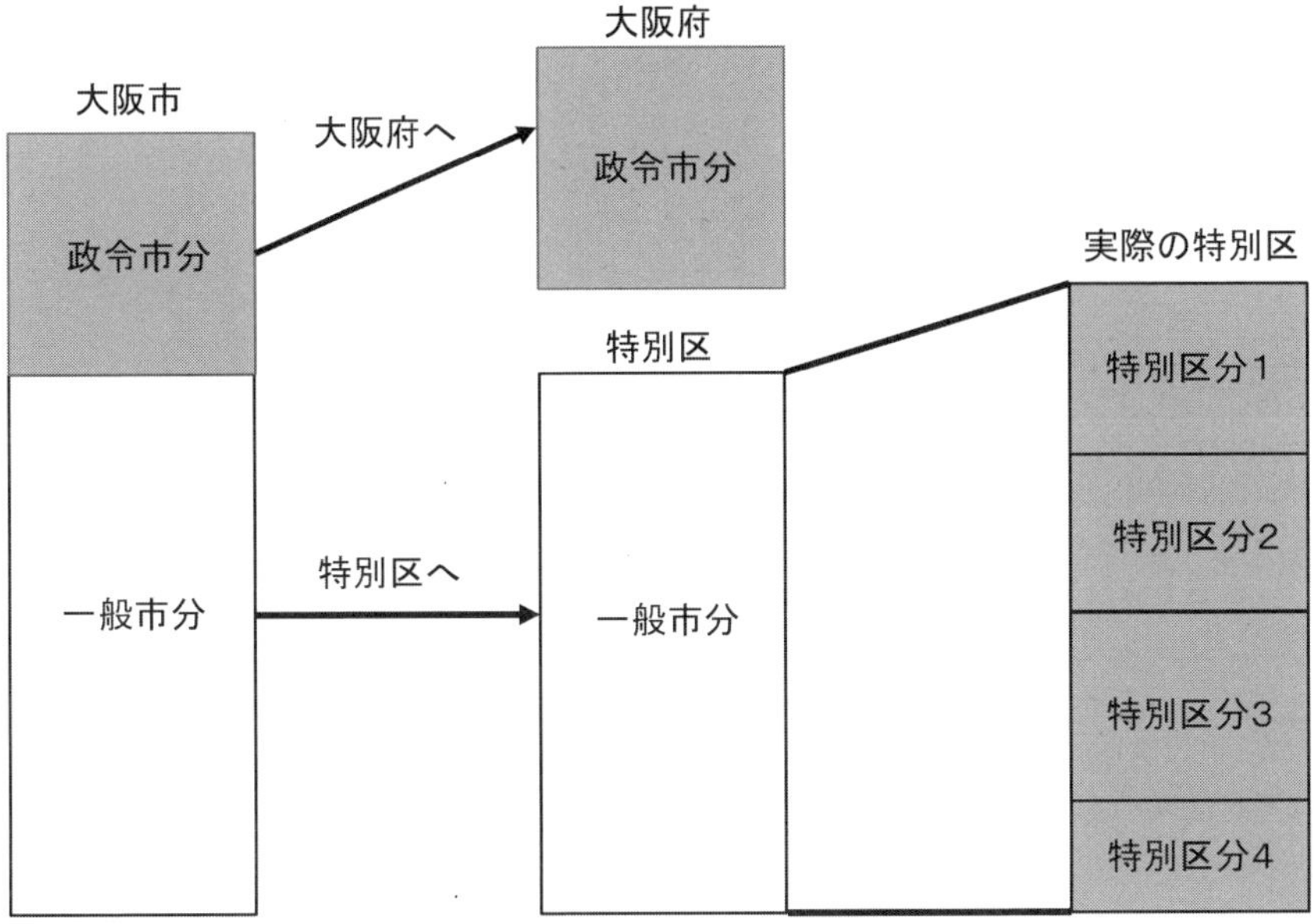

別々に存在していたらお金がかかるので一つにしてしまおうというのが市町村合併です。「都構想」は逆行しているのです。

「大阪都構想」の財政問題として、大阪府と特別区との間で事務分担と財源配分をめぐり、不安定な政治的争いが延々と繰り返されていくことになるでしょう。さらに、大阪府から配分されたお金を特別区間でどう分けるかという問題もあります。特別区には豊かな区もあれば貧しい区もあります。これまでは、例えば北区の人たちが貧しい区にお金を配分していたとしましょう。四つの特別区は別々の自治体なので、それができなくなりますが、財政調整しないと、特別区間の格差はますます広がります。特別区間の予算をめぐって延々と争いを繰り広げていくことになります。

結果として、各特別区ではこれまで以上の行政改革や予算削減が進められ、その最大のターゲットはお金のかかる福祉や教育。削らざるをえなくなるでしょう。

「二重行政論」の嘘

「二重行政が廃止されるからお金が浮くのではないか」という声もあります。

前回の住民投票で、二重行政の廃止による財政効果額について、維新は「1000億円浮く」と言い、野党は「1億円しか浮かない」と反論していました。

前回は二重行政の廃止で浮くお金を「削減効果額」と言っていたのですが、今回は「改革効果額」と言い換えています。その大部分が大阪市を潰すこととはまったく関係ありません。

大阪府・市が示している財政シミュレーションの改革効果額の内訳にはAとBの項目があります。

Aは経営形態の見直しをする事業のこと。市営地下鉄の民営化などで、二重行政とは関係ないものです。

Bは府・市で類似・重複している行政サービス

「二重行政論」の嘘

前回の「削減効果額」に含まれていた地下鉄民営化や府市病院の予算削減などが実現(見通しを含む)してしまっているため、新たに言葉を「改革効果額」と言い換えている。

府市で類似・重複している行政サービス(B項目)の「改革効果額」(財政シミュレーション反映額)は4千万円程度。

イニシャルコストは現時点で約241億円、ランニングコストは約30億円。

◆イニシャルコスト(約241億円)

○特別区のシステムについては、事務分担に応じて一部事務組合による運用もしくは各特別区が共通利用することを基本として改修経費を試算

○庁舎については、執務室として利用している既存庁舎の活用を優先することを前提
なお、執務室面積の不足が生じる特別区(淀川区及び天王寺区)については、特別区域を越えて現大阪市本庁舎(中之島庁舎)を活用

○上記の考え方に基づき、庁舎整備経費のほか、移転経費等について試算

◆ランニングコスト(約30億円)

○システム運用経費、府への移管職員に係る民間ビル賃借料やその他新たに必要となる経費を試算

特別区(大阪都構想)と関係のないものでしか説明できない財政効果額の実態

周辺都市の二つの誤解

1. 大阪市の金が周辺自治体に回ってくる

大阪府市の経済政策の中心はベイエリア開発＝IRであり、財政はそれを中心に運営されていく。

2. 周辺自治体に大阪市の金が回ってくれば、周辺自治体が豊かになる

万が一、大阪市の金が周辺自治体へと流れてくるようになれば、周辺自治体は衰退することになる。

大阪の経済成長戦略：IR

IRの用地は万博予定地の隣接部分70ヘクタールを埋め立てて整備する。

IRの投資規模を9300億円と想定し、年間売り上げ額4800億円のうちカジノでの売り上げはその8割に当たる3800億円（IRの経済的実態はカジノそのもの）。

年間来場者数は2480万人から1500万人へ下方修正（ユニバーサル・スタジオ・ジャパンが公表している過去最高の入場者数は2016年の1460万人）。

大阪市は万博開催決定の直後に、夢洲へ延伸される地下鉄の整備費用のうち200億円をIR事業者選定の事実上の条件にする（万博はIR誘致のための露払い役）。

のこと。彼らのいう「二重行政」の範囲でしょう。財政シミュレーションでは改革効果額は4000万円程度です。例えば、府の産業技術総合研究所と市の工業研究所を統合した結果が3100万円、府の公衆衛生研究所と市の環境科学研究所を統合して800万円などです。二重行政の廃止というのは、重複しているものを一つにして、機能は変わらないというのが前提ですが、経費を削減しようとしたら、機能を下げなくてはならないのということも表していると思います。組織自体を潰していくことと、二重行政の削減とは関係ないのです。

前回は、大阪府・市の試算でどんなに多く見積もっても効果額は2、3億円でした。1億円と、1000億円のどちらが近いか。誰が見ても明らかではありませんか。

でも、チリも積もれば山となるから、少しでもお金が浮くならええやんと思うかもしれません。しかし、二重行政の廃止と言いながら、特別区を

作るとお金がかかります。最初に立ち上げた時にかかるお金が約241億円。これも削りに削ってこの額です。例えば1億浮いたとしても、回収するのに240年かかるわけですよ。しかも、運営していくのに毎年約30億円かかります。

大阪府立公衆衛生研究所と大阪市立環境科学研究所は二重行政で潰し、統合しました。いま、コロナの対応に関して、維新は「機能の充実化を図った。その成果が出ている」と言っていますが、いい加減にしてほしい。

維新は「大阪の成長を止めるな」と言っていますが、実は伸びていたのはインバウンドです。今では風前の灯となりかけていますが、コロナの感染拡大で経済はかなり厳しくなっているのに、そんなときに「都構想」などやっていいのか。

大阪府・市のGDPですが、最近は増えているように見えますが、全国平均よりも下で、全国の足を引っ張っているのです。最近の伸びだけをみて、成長を止めるなと言っていますが、じゃあ、お父さんの給料が20万円から21万円に上がったとします。よかったよかったというけれど、隣のおじさんは20万円から30万円になったという話ですよ。

府が狙う市の財源はカジノ

「都構想」というと、「解体される大阪市の問題ではないか」とか、「特別区のお金が周辺自治体にも回ってくるのではないか」と思っている人もいます。

でも、大阪府が大阪市の財源を吸い取ってやろうとしているのはIR。その経済的実態はカジノそのものです。教育や福祉ではなく、私たちの生活に直接関係するものではありません。

大阪市のお金が回ってくれれば周辺自治体も豊かになるという話ですが、大阪市が衰退すれば周辺自治体も衰退することになります。

大阪市の昼夜人口比率は東京23区以上の高さなのです。昼夜人口比率とは、夜間人口100人当たりの昼間人口のこと。昼間に働いて、夜は周辺自治体に帰って生活している人が多い。それが、大阪市が持っていた機能でもあったのです。大阪市で昼間働いている人の6割が大阪市以外の府内から来ています。つまり、大阪市で働いて所得を得て、周辺自治体に帰り、税金を納めて住民サービスを受けてきたのです。

大阪市の経済活動が衰退すると、この人たちの給料も減ります。自分が住んでいるところに税金を納めることができなくなる。周辺自治体の収入も減りますよね。大阪市と周辺自治体は運命共同体なのです。だから、他人事やと思っていてはいけないのです。

「都構想」を止めるには…

さて、「都構想」を止めるにはどうすればいいのか。

15年5月の住民投票（投票率67％）では、維新69万票で反維新が70万票。僅差の勝利をつかんだわけです。

15年11月22日投開票の大阪市長選（投票率51％）では、維新60万票で反維新40万票。19年4月7日の大阪市長選（投票率53％）でも、維新66万票で反維新48万票でした。

維新応援団は60万票ほどあるのです。ここの人たちに何を言っても聞く耳をもちません。

11月1日に住民投票を行うこと自体が歴史的暴挙だと思いますが、前回の住民投票の投票率を見ると、普段は選挙などに行かない人が行ってくれたわけです。この取り組みをやらなければならない。投票率が上がれば反対派が勝つ可能性がある。

11月1日の住民投票に反対派が勝利するためには、正しい情報をわかりやすく市民に伝え、投票所に足を運んでもらうしかありません。

大阪市だけの問題ではありません。府内の人もわがことと考えて取り組んでいくことが、大阪市、ひいては自分たちの暮らしを守ることにつながるのです。

柳本　顕《あきら》

1974年大阪市西成区生まれ。京都大学法学部卒業。1999年、大阪市議（西成区選出）に初当選。連続５期。自民党大阪府連青年局長、自民党大阪市議団幹事長などを歴任。2015年５月の住民投票では自民党市議団幹事長として当時の橋下徹市長とテレビ討論などで対峙。反対多数を導く功労者の一人。その後、二度の大阪市長選に臨むも落選。大阪市を廃止分割して特別区を設置する「大阪都構想」に関しては、一貫して反対の立場から情報発信や講演活動を展開。現在は自民党大阪府連会長補佐。

（新聞うずみ火主催「『大阪都構想』を考える連続講座③」）

松本　創《はじむ》

1970年大阪府生まれ。神戸新聞記者を経てフリーランスのライター。関西を拠点に政治・行政、都市や文化などをテーマに取材し、人物ルポやインタビュー、コラムなどを執筆している。「誰が『橋下徹』をつくったか――大阪都構想とメディアの迷走」（140B）で2016年度日本ジャーナリスト会議賞受賞、「軌道 福知山線脱線事故 JR西日本を変えた闘い」（東洋経済新報社）で第41回講談社本田靖春ノンフィクション賞」受賞。webちくまで「地方メディアの逆襲」を連載中。

（新聞うずみ火主催「『大阪都構想』を考える連続講座②」）

森　裕之

1967年大阪府生まれ。立命館大学政策科学部教授。財政学、特に地方財政と公共事業を専攻。社会的災害（アスベスト問題など）についても公共政策論としての立場から考察している。大阪市が特別区に再編されれば、「市の税源の一部が府に移行され、市民の生活関連のサービスが切り詰められる」と指摘する。著書に「市民と議員のための自治体財政」（自治体研究社　2020年）、「大阪市自治を問う　大阪・橋下市政の検証」（学芸出版社　2015年）など多数。

（新聞うずみ火主催「『大阪都構想』を考える連続講座①」）

住民投票までに知っておくべき
「都構想」の嘘と真《まこと》

2020年 9 月20日　第 1 刷発行

編　者　新聞うずみ火
発行者　山崎亮一
発行所　せせらぎ出版
〒 530-0043　大阪市北区天満 1-6-8　六甲天満ビル 10 階
TEL. 06-6357-6916　FAX. 06-6357-9279
郵便振替　00950-7-319527
印刷・製本所　東洋紙業高速印刷株式会社

 ISBN978-4-88416-275-7

せせらぎ出版ホームページ　https://www.seseragi-s.com
メール　info@seseragi-s.com